**Matemáticas
del zoológico**

La hora en el zoológico

Patricia Whitehouse

Traducción de Beatriz Puello

Heinemann Library

Chicago, Illinois

Designed by Sue Emerson/Heinemann Library and Ginkgo Creative, Inc.
Printed and bound in the U.S.A. by Lake Book

06 05 04 03 02
10 9 8 7 6 5 4 3 2 1

Library of Congress Cataloging-in-Publication Data
Whitehouse, Patricia, 1958-
   [Zoo time. Spanish.]
   La hora en el zoológico / Patricia Whitehouse.
      p. cm. — (Matemáticas del zoológico)
Includes index.
Summary: Introduces the concept of time using zoo animals and the schedule zoo employees follow in taking care of them.
   ISBN: 1-58810-806-6 (HC), 1-58810-865-1 (Pbk.)
   Time—Juvenile literature. 2. Zoo animals—juvenile literature. [1. Time. 2. Zoo animals. 3. Zoo keepers.
   4. Spanish language materials.] I Title.
   QB209.5.W4818 2002
   529—dc21

                              2001051506

Acknowledgments
The author and publishers are grateful to the following for permission to reproduce copyright material:
p. 4 H. Greenblatt/Chicago Zoological Society/The Brookfield Zoo; pp. 5, 6, 7, 8, 9, 10, 11, 12, 14, 15, 16, 17, 18, 19, 20, 21, 22 Jim Schulz/Chicago Zoological Society/The Brookfield Zoo; p. 13 Eric Anderson/Visuals Unlimited; p. 23B.R. Tom Uhlman/Visuals Unlimited; p. 23 glossary (guinea pig) Gregg Otto/Visuals Unlimited.

Cover photograph by Jim Schulz/Chicago Zoological Society/The Brookfield Zoo

Every effort has been made to contact copyright holders of any material reproduced in this book. Any omissions will be rectified in subsequent printings if notice is given to the publisher.

Special thanks to our bilingual advisory panel for their help in the preparation of this book:
Aurora García
Literacy Specialist
Northside Independent School District
San Antonio, TX

Argentina Palacios
Docent
Bronx Zoo
New York, NY

Ursula Sexton
Researcher, WestEd
San Ramon, CA

Laura Tapia
Reading Specialist
Emiliano Zapata Academy
Chicago, IL

We would like to thank the Brookfield Zoo for reviewing this book for accuracy.

Unas palabras están en negrita, **así.**
Las encontrarás en el glosario en fotos de la página 23.

Contenido

¿Qué pasa a las 8:00 A.M.?

Los **cuidadores** empiezan su día a las ocho en punto.

Es temprano por la mañana.

Este cuidador está limpiando
el lugar de los **antílopes.**

Lo lava todo con agua.

¿Qué pasa a las 9:00 A.M.?

Los **cuidadores** les dan el desayuno a los animales a las nueve en punto.

Esta cuidadora está dándole comida a la **morsa**.

Esta cuidadora está pesando
unas ramas.

Se las dará a los **murciélagos
de fruta.**

¿Qué pasa a las 10:00 A.M.?

A las diez en punto, se abre
el zoológico.

El **guardia** abre las puertas para
que entren los visitantes.

Los elefantes salen al aire libre.

¿Qué pasa a las 11:00 A.M.?

A las once en punto, este **cuidador** empieza a dar una charla.

Habla sobre este caballo.

Esta cuidadora deja que los visitantes acaricien al **conejillo de Indias.**

Después se lo lleva.

¿Qué pasa a las 12 P.M.?

Es **mediodía.**

Es hora de que los animales descansen.

Los visitantes también necesitan descansar.

Esta familia está almorzando.

¿Qué pasa a la 1:00 P.M.?

Es de tarde.

A la una, un **veterinario** examina a un **osito polar**.

Los veterinarios son los médicos de los animales.

Estas veterinarias del zoológico cuidan a un tigrecito.

¿Qué pasa a las 2:00 P.M.?

A las dos en punto, unos animales tratan de refrescarse.

Un **rinoceronte** se revuelca en el barro.

A unos animales les dan de comer en la tarde.

Estos **cuidadores** dan pescados a las **focas.**

¿Qué pasa a las 3:00 P.M.?

A las tres en punto, es hora de limpiar a los animales.

Esta **cuidadora** está cepillando a un **okapi**.

Otro cuidador le rocía agua
a una vaca.

Después la va a cepillar.

¿Qué pasa a las 5:00 P.M.?

A las cinco en punto, los **cuidadores** hacen entrar a los animales.

Estas **morsas** pasan la noche adentro.

Es hora de que los visitantes
se vayan.

El **guardia** cierra las puertas
y echa llave.

¿Qué pasa después de las 5:00 P.M.?

Los visitantes se van a casa de noche.

Pero unos **cuidadores** pasan la noche en el zoológico para cuidar a los animales.

Glosario en fotos

antílope
página 5

mediodía
página 12

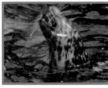

foca
página 17

**murciélago
de fruta**
página 7

okapi
página 18

veterinarios
páginas 14, 15

guardia
páginas 8, 21

oso polar
página 14

morsa
páginas 6, 20

**conejillo
de Indias**
página 11

rinoceronte
página 16

cuidador
páginas 4, 5, 6,
7, 10, 11, 17,
18, 19, 20, 22

23

Nota a padres y maestros

Este libro enseña la hora "en punto" de un día típico de un zoológico. Los títulos muestran las designaciones del tiempo que aparecen en el texto. Los iconos de relojes de cada página muestran la hora en formato analógico y digital, y sirven como punto de partida para una serie de actividades de reforzamiento del aprendizaje de las horas. Por ejemplo, podría jugar este juego: después de leer el libro varias veces, ponga cierta hora en un reloj analógico o digital. Diga a los pequeñines qué hora es y pídales que busquen la página del libro en que está esa hora. Es posible que los mayores reconozcan la hora. Pídales que recuerden algo que sucede en el zoológico a esa hora. Los niños pueden verificar las respuestas en el libro.

Índice

24